¡YO LEO! ¡TÚ LEES!

Turno de lectura del niño

Turno de lectura del adulto

LEEMOS SOBRE LOS ELEFANTES BEBÉ

Amy Culliford y Madison Parker

Traducción de Pablo de la Vega

ÍNDICE

SEAHORSE PUBLISHING

PALABRAS QUE HAY QUE SABER

elefante bebé

gris

leche

orejas

trompa

PALABRAS VISUALES

a
algunos
de
del
el
es
este
hay
la
largo
les
lo
los
madres
mayoría
para
ser
son
su
sus
tienen
todos
un
una
y

Este es un **elefante bebé.**

NIÑO

Los **elefantes bebé** son mamíferos. Los mamíferos tienen pelaje y hacen leche para sus bebés.

ADULTO

elefante bebé

Algunos elefantes bebé son de color **gris**.

NIÑO

Hay tres especies de elefantes: africano de sabana, africano de bosque y asiático. Todos pueden ser de color **gris**.

ADULTO

gris

NIÑO

Los elefantes bebé obtienen **leche** de sus madres.

ADULTO

Los elefantes bebé beben **leche** los primeros seis meses de su vida.

leche

La mayoría de los elefantes bebé tienen **orejas** grandes.

NIÑO

Los elefantes tienen **orejas** grandes para liberar el calor del cuerpo.

ADULTO

oreja

Todos los elefantes bebé tienen una **trompa** larga.

NIÑO

La **trompa** de un elefante bebé lo ayuda a beber agua y bañarse.

ADULTO

trompa

¡A todos los elefantes bebé les gusta jugar!

NIÑO

A algunos elefantes bebé les gusta perseguirse y luchar entre sí.

ADULTO

Índice alfabético

Escrito por Amy Culliford y Madison Parker
Diseño de Under the Oaks Media
Desarrollo de la serie de James Earley
Traducción de Base Tres

Photos: Johann Marais: cover; Charmaine Jabert: p. 4-5; Steve Lagreca: p. 7; Graeme Shannon: p. 8-9; Johan Swanepoel: p. 11; Edwin Butter: p. 13; Africa Wildlife: p. 15

Library of Congress PCN Data
Leemos sobre los elefantes bebé / Amy Culliford y Madison Parker
¡Yo leo! ¡Tú lees!
ISBN 979-8-8945-9011-0 (hard cover)
ISBN 979-8-8945-9017-2 (paperback)
ISBN 979-8-8945-9023-3 (EPUB)
ISBN 979-8-8945-9029-5 (eBook)
ISBN 979-8-8945-9035-6 (audio)
ISBN 979-8-8945-9041-7 (read-along)
Library of Congress Control Number: 2024946173

Printed in the United States of America.

Seahorse Publishing Company
www.seahorsepub.com 1-800-387-7650

Published in the United States
Seahorse Publishing
PO Box 771325
Coral Springs, FL 33077

SEAHORSE PUBLISHING